MILAGROS: LA MAGIA DE LA IMAGINERÍA POPULAR

MILAGROS

LA MAGIA DE LA IMAGINERÍA POPULAR

Helen Thompson y Paddy Bruce

grijalbo

A Charles.
H.T.
. . .
Este libro está dedicado a los milagros de Bill W.
y del Dr. Bob., quienes son una buena medicina.
P.B.

MILAGROS
La magia de la imaginería popular

Título original en inglés: *Milagros. A book of miracles*
Traducción: Irving Roffe, de la edición de HarperSan Francisco,
San Francisco, CA, 1998

© 1998, Helen Thompson

© 1998, Paddy Bruce, ilustraciones

Diseño del libro: Trina Stahl • Cubierta artística: Paddy Bruce
Fotografía: Roger Schreiber

D.R. © 1999 por EDITORIAL GRIJALBO, S.A. de C.V.
Calz. San Bartolo Naucalpan núm. 282
Argentina Poniente 11230
Miguel Hidalgo, México, D.F.

Publicado por acuerdo con Harper San Francisco,
una división de HarperCollins Publishers, Inc.

ISBN 970-05-1114-6

IMPRESO EN MÉXICO

ÍNDICE

Introducción · 7

1. CABEZA. Conocimiento es sabiduría · 13
Cuerpo: *El dolor es real cuando piensa que lo es* · 16
Mente: *El pensamiento es la vía por la que su cerebro le habla* · 20
Espíritu: *El conocimiento es mejor cuando se convierte en sabiduría* · 24

2. CORAZÓN. Cómo amamos · 29
Cuerpo: *Si le duele el corazón, algo le está indicando* · 32
Mente: *Amar es la mayor habilidad del corazón* · 36
Espíritu: *Comparta lo que lleva en su corazón* · 40

3. MANO. Sus manos lo conectan con los demás · 45

    Cuerpo: *Tocar es el bálsamo para aliviar el dolor* · 48

    Mente: *Sus manos son para recibir a los demás* · 52

    Espíritu: *Permítase recibir lo que el mundo tiene para ofrecerle* · 56

4. PIE. Sus pies sostienen su travesía por la vida · 61

    Cuerpo: *¡Levántese y salga adelante!* · 64

    Mente: *Enfrente sus desafíos con un propósito* · 68

    Espíritu: *Su travesía puede estar llena de gozo* · 72

5. BOCA. Nuestras palabras valen tanto
como nuestros actos · 77

    Cuerpo: *Su boca es para comunicarse* · 80

    Mente: *El habla descuidada puede lastimar a
los demás y a uno mismo* · 84

    Espíritu: *Las palabras generosas duran por siempre* · 88

Elabore sus propios milagros · 92

Bibliografía · 94

Sobre la autora y la ilustradora · 95

INTRODUCCIÓN

VIVIMOS EN UN mundo en donde los milagros parecen no existir, un mundo donde los milagros que efectivamente ocurren pasan inadvertidos. Basados en los talismanes mexicanos tradicionales, los pequeños amuletos llamados *milagritos* o *milagros*, nos recuerdan que los milagros pueden ser pequeños, que pueden ser numerosos y que suceden todos los días. Con frecuencia son intensamente personales: los pequeños objetos conocidos como milagros son individuales *y* también universales, y ofrecen una forma de cerrar la brecha entre el lugar común y lo que es espiritual.

Los *milagros,* una encantadora artesanía popular, son talismanes contra la enfermedad, los problemas y el sufrimiento. Pero en realidad constituyen algo más que un pintoresco remedio para los problemas. Simbolizan un pacto entre el creyente y un espíritu elevado, testimonio tangible de que se cumplió una promesa: se salvó un matrimonio, un padre enfermo recuperó la salud, se halló un amor. Ya sea que consideremos su lugar en nuestras vidas como símbolo de que se prueba algo nuevo, o como forma de mantenernos concentrados durante una transición, los *milagros* ofrecen un camino alternativo a la espiritualidad.

Desde los más antiguos tiempos, los humanos siempre tuvimos el deseo de comunicarnos con una fuerza suprema. Por eso desde hace miles de años hemos ofrecido agradecimientos y propiciaciones a los dioses en forma de ofrendas. Los antiguos sumerios, persas, cretenses de la época minoica y egipcios ofrecieron regalos votivos que retrataban animales y personas, y en toda Europa existen evidencias de milagros como añeja costumbre, sea en Grecia, donde se entregaban ofrendas a Esculapio, dios griego de la curación, sea al norte y al oeste, en lo que hoy conocemos como Irlanda y Escandinavia. Los pequeños objetos fueron ofrecidos por ilustres figuras históricas como Ana de Austria, quien demostró su gratitud por dar a luz a un heredero al trono de Francia con una pequeña representación alada y de plata del infante; y como Hernán Cortés, conquistador de México, de quien se cuenta que ofreció un alacrán de oro ornado con esmeraldas, rubíes y perlas en el altar de Nuestra Señora de Guadalupe para demostrar su agradecimiento por salvarse de una picadura de alacrán.

Adoptada por los rituales cristianos como forma de agradecer a los santos por plegarias que se cumplieron, la tradición pagana de los *milagros* llegó hasta el continente americano con los conquistadores católicos. Como los invasores destruyeron los lugares sagrados y castigaron a los pueblos indígenas cuando practicaban sus religiones, se perdieron muchas tradiciones y creencias. Sin embargo, los pueblos autóctonos cristianizados adoptaron los milagros, que se usan hasta ahora. En los lugares de Guatemala que hace muchos años se infestaron con plagas, se descubrieron milagros en forma de grillos; y los incas probablemente ponían su fe en la fertilidad de las tierras cuando plantaban efigies de oro de mazorcas y hojas de maíz durante los festivales de la siembra. Se han descubierto ofrendas en lugares tan lejanos como los montículos sagrados de Perú, las pirámides de México, las antiguas *kivas* o cámaras ceremoniales del suroeste de Estados Unidos, y los cenotes sagrados de Yucatán.

En América Latina y en zonas de Estados Unidos donde hay grandes poblaciones de habla hispana, las ofrendas son hasta hoy en día una práctica común. Los pequeños milagros plateados se apilan en tazones y se fijan con alfileres argénteos a las cruces o a

las indumentarias de los santos en los altares caseros o de las iglesias. Los milagros se realizan en una infinitamente imaginativa variedad de formas, tamaños y materiales. Pueden ser tanto suntuosos (enjaezados con joyas, tallados muy cuidadosos o finamente trabajados con metales preciosos) como humildes. La calidad no tiene ninguna correlación con su sinceridad o resultado obtenido. Los milagros son un recordatorio de que cualquier acto de devoción, sin importar cuán pequeño sea, es válido.

El que los milagros sigan teniendo el poder de modificar nuestros problemas es testimonio de la persistencia de un sistema de creencias que eludió la represión y la destrucción para sobrevivir durante siglos. Tal vez la misma modestia de los milagros, o el modesto y popular lugar que ocupan en un complejo sistema religioso, permitió que estas primitivas representaciones fuesen duraderas en un mundo moderno inimaginablemente distinto de aquel donde se originaron. Su encanto inocente, incluso caprichoso, podría explicar su creciente popularidad en Estados Unidos. Inmersos en una cultura "pop" masiva, saturada de bienes de consumo, podríamos considerar a los milagros como una manera de establecer contacto con los perdurables sistemas de creencias de las culturas antiguas.

Las formas en que más comúnmente se elaboran los milagros son aquellas que representan partes del cuerpo como los pies, el corazón, manos, cabeza y pulmones, los recovecos del cuerpo donde las enfermedades se asientan y permanecen. La interpretación contemporánea de los milagros que el lector hallará en este libro (utilizando las formas anatómicas más populares) es una introducción a las costumbres y sabiduría de una cultura antiquísima. Que el conocimiento de estas representaciones mejore su vida para siempre.

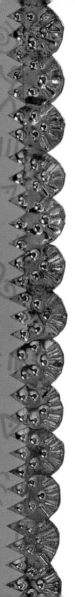

CABEZA

CONOCIMIENTO ES SABIDURÍA

L A CABEZA ES nuestra fuente personal de sabiduría. La utilizamos para pensar y razonar, para planear y soñar. Los milagros en forma de cabeza tienen tantas variaciones como las cabezas en el mundo real, representando todas las edades, formas y tamaños. Los milagros en forma de cabezas masculinas pueden tener bigote o barba, mucho cabello, o ausencia de éste. Los milagros en forma de cabezas femeninas presentan a veces peinados característicos y elaborados, y algunas incluso llevan aretes. Pueden aparecer de perfil, de frente y aun ser tridimensionales.

Una fotografía puede funcionar como versión contemporánea del milagro en forma de cabeza: no es raro ver retratos de infantes felices o maridos sonrientes y esposas que posan junto a imágenes de sus santos favoritos como señal de gratitud. A veces la fotografía representa a la persona antes de la llegada de una calamidad, un recordatorio del estado que la persona atribulada desea recuperar.

El dolor es real cuando piensa que lo es

CUERPO

L A CABEZA ES el lugar donde se inician nuestros procesos de pensamiento, donde registramos nuestro dolor, y donde consideramos lo que a veces es la difícil labor de pedir ayuda para aliviar el sufrimiento. Los milagros en forma de cabeza tradicionalmente se ofrendan para dolores "reales": migrañas, pérdida de la memoria, dificultad para aprender, daños o traumas. Pero también para problemas difíciles de expresar, como las enfermedades mentales.

Jóvenes y viejos pueden beneficiarse con los milagrosos poderes de estos pequeños objetos. Una joven madre pidió a un platero que elaborara un milagro especialmente para su bebé, que sufría de un tumor en la cabeza. El trabajo, que representa fielmente la gran malignización en uno de los lados de la cabeza, se le ofreció a San

Francisco, junto con una plegaria para la curación del niño. Poco después, el tumor desapareció y la madre, agradecida, siguió ofrendando milagros en forma de cabeza durante todo el año subsiguiente.

Si usted sufre de problemas asociados con la cabeza, como migrañas, tómese un momento para pensar en el mensaje que su cabeza le transmite. Algunos aspectos de su vida le están haciendo daño. Si descubre que pasa de un proyecto a otro, le preocupa su porvenir, y no puede dormir por la noche porque no puede sacarse de la cabeza los problemas cotidianos, entonces es tiempo de hacer una pausa y regalarse un descanso mental.

Use el milagro en forma de cabeza como forma de concentrarse en los hábitos de su vida que significan un gran esfuerzo para plantear un pensamiento de principio a fin. Imagine el pensamiento como un río límpido, en vez de un remolino caótico y turbulento que lo ahoga. Evite el uso de estimulantes para dar energía a sus pensamientos, o depresivos para evitar los pensamientos desafortunados. Recuerde que pensar es el recurso que tiene la cabeza para curarse: aprenda a escucharse usted mismo, y tome en serio sus pensamientos.

El pensamiento es la vía por
la que su cerebro le habla

MENTE

PONER ATENCIÓN A nuestros pensamientos es una actividad que pocos tomamos en serio. Es más probable que nos esforcemos por suprimir pensamientos que nos vienen a la mente, devaluándolos al clasificarlos como preocupaciones o, si son agradables, como ensoñaciones. Poner milagros en altares o colocarlos en la túnica del santo por el que se tenga devoción puede ser una manera de reconciliarnos con recuerdos intolerables y tener presente que debemos dejar descansar esos temores preocupantes.

La tradición popular de los milagros, simples expresiones que ocurren en lugares tan modestos como atrios o altares en carreteras que tanto abundan en el suroeste de Estados Unidos, puede ser un efectivo método para contrarrestar la tristeza. Los milagros se dejan por lo regular en las iglesias católicas, y a veces los peticionarios demuestran un gran ingenio para colocar un milagro en el lugar que consideran idóneo.

Una representación, hecha de plata pura, de una cabeza de mujer, pende a casi tres metros del suelo, sujeta a una imagen de la Virgen que sostiene al Niño Jesús en una iglesia de Tucson, Arizona. El milagro fue puesto ahí por un joven abatido por el reciente fallecimiento de su madre. Llevó una escalera hasta la iglesia para colocar el milagro en la mano de la Virgen, el lugar donde esperaba que descansara el alma de su madre en su camino hacia el cielo. Al asumir el esfuerzo que implicó un gesto de esa naturaleza, el muchacho trocó el sufrimiento por consuelo.

Nuestras mentes tienen capacidades que con frecuencia subestimamos. Cuando estamos preocupados o deprimidos,

La pesadumbre es una carga de la que podemos deshacernos

a veces nos es imposible ver más allá de nuestro atribulado estado mental. Es común que, abrumados por nuestra incapacidad para librarnos del temor y la angustia, no podemos buscar la ayuda que tanto necesitamos. Recordaremos que, del mismo modo en que el joven soportó y trocó el enorme peso de su sufrimiento al subir por la escalera para colocar el milagro en la mano de la Virgen, también podemos deshacernos de la carga de la pesadumbre. Permita que el milagro en forma de cabeza ocupe sus pensamientos. Úselo como recordatorio de que su mente le dirá la verdad.

El conocimiento es mejor
cuando se convierte en sabiduría

ESPÍRITU

SOMOS CRIATURAS RACIONALES que podemos ingeniárnoslas para entrar o salir de casi cualquier situación. Pero hay ciertas ocasiones —y a veces nos son impuestas— en que no tenemos más opción que buscar ayuda espiritual. Algunos de los fieles que ofrendan milagros, lo hacen después de agotar las demás opciones. El peregrinaje, sea a un altar o a un sitio que elegimos, puede ser psicológicamente satisfactorio simplemente porque cubre la necesidad de "hacer algo". Si todo lo demás falla, al menos tenemos la satisfacción de saber que hicimos todo lo que estaba a nuestro alcance. Pero no olvidemos que la persona sabia es aquella que comprende que subordinarse a una fuerza superior puede procurarnos la ayuda que sólo es posible obtener mediante la fe. Ofrendar un

milagro, o concentrarnos en uno estando solos, puede hacer que nuestra fe se haga más profunda. Y también puede liberar nuestra mente de las limitaciones del pensamiento.

En Centroamérica uno de los lugares favoritos de peregrinación es Cartago, que originalmente era la capital de Costa Rica. La santa patrona de Costa Rica es Nuestra Señora de Los Ángeles, y en las faldas del volcán Irazú hay una iglesia consagrada a ella. Se cree que el pequeño manantial de aguas termales que hay dentro de la basílica, en un altar a La Virgen Negrita, tiene poderes curativos, y en su altar abundan los milagros, testimonios y fotografías de quienes se curaron por sus poderes. Se cuenta que La Negrita aliviaba de enfermedades y perturbaciones mentales, y que también advertía de los desastres. La sola esperanza de esta intervención divina en respuesta a ofrecer un milagro puede efectuar una cura.

Nadie nos impide que nuestra inteligencia aproveche lo mejor de nosotros. Pero al vernos en circunstancias sombrías y adversas, no deberíamos limitarnos a depender únicamente de nuestra inteligencia;

Use su milagro en forma de cabeza para liberar su mente

en momentos en que nos sentimos espiritualmente apesadumbrados, deje atrás la racionalidad. Use su milagro en forma de cabeza para liberar su mente. Acepte que ésta puede hacer mucho. Más allá de la mente se extiende otro reino de expresión, y usted puede prepararse para recibirlo.

CAPÍTULO DOS

CORAZÓN

CÓMO AMAMOS

NUESTRO CORAZÓN ES sagrado. Simboliza el amor. Cómo, por qué, a quién amamos. Y tal vez, más que cualquier otra de nuestras características, *la manera* en que amamos define quiénes somos.

No es coincidencia que, de entre todos los milagros, el corazón sea la imagen que más comúnmente se observe en los altares. Dado que podemos sentir tantos niveles de dolor en nuestros corazones —físico, emocional y espiritual—, las súplicas de ayuda son con frecuencia las que más sentimiento poseen. Pero estas ofrendas casi nunca tienen la forma del corazón estilizado que habitualmente se usa en tarjetas o dibujos románticos; los milagros tradicionales son corazones anatómicamente correctos, y a veces incluyen los vasos sanguíneos que los surcan.

Estos corazones, aun si se trata de las minúsculas representaciones que son tan comunes en México, están atravesados por una espada, los ciñe una flama o los rodea una corona de espinas. Los corazones estilizados también aparecen a menudo cruzados por una espada, lo que generalmente significa un amorío desafortunado o la pérdida de un ser querido; la imagen de la flama alrededor del corazón puede ser en agradecimiento por la renovación del amor o por descubrir un alma afín.

Si le duele el corazón,
algo le está indicando

CUERPO

¿REALMENTE DUELE EL corazón? Si su respuesta es sí, ¿qué significa este dolor? Si sufre de males asociados con el corazón, como "soplos" o palpitaciones, deténgase y considere qué le está diciendo ese órgano; escúchelo e interprete literalmente el mensaje: hay aspectos de su vida que le están causando dolor. ¿Se ve a usted mismo corriendo desde el momento en que se despierta hasta el momento en que cierra los ojos para dormir? Tal vez coma algo de prisa, particularmente comida que no es nutritiva, sin pensar en los efectos que produce sobre su cuerpo. Quizá dependa de la momentánea sacudida de la cafeína de su taza de café o chocolate para enfrentar sus obligaciones cotidianas. Como paliativos, la comida chatarra y la cafeína son soluciones meramente circunstanciales para un estilo de vida tenso.

El milagro en forma de corazón, además de simbolizar nuestro amor por los demás, también significa amor y cuidados hacia nosotros mismos y nuestros corazones. En los países latinoamericanos no es raro ver a un convaleciente agradecido que porta en la solapa un milagro en forma de corazón. Tal es el caso de un paciente que sobrevivió a una intervención quirúrgica del corazón. Se le pronosticó que sólo viviría siete años más. Durante esos siete años, llevó prendido un milagro en el lado izquierdo de su saco, cerca del corazón. Luego de que transcurrieron siete años y fue bendecido con una salud robusta, se quitó el milagro y lo donó a su santo patrón.

Considere a su milagro en forma de corazón como un recordatorio de que ya es hora de dejar de correr. Úselo para centrarse. Haga el intento de comer una pera en la banca de un parque, en vez de un chocolate. Siéntese, tranquilo, y escuche su palpitar durante cinco minutos en vez de beber café. Coloque el milagro donde pueda verlo en las situaciones en que sea proclive a tensarse por la prisa y recordará que representa un mensaje por el que bien vale la pena reducir el ritmo.

Amar es la mayor habilidad del corazón

MENTE

ESCUCHE EL MENSAJE de su corazón. Dar este primer paso lo pondrá en el camino hacia la salud emocional y física. Puede ayudarse usted mismo a escuchar el mensaje y comenzar a sanar si escribe sus preocupaciones. Esta forma de desahogar el alma, que se comprueba una y otra vez, está asociada desde hace mucho con los milagros, a los que varias veces se les anexan notas. Las súplicas redactadas con cuidado, los agradecimientos meticulosamente caligrafiados y las fotografías con dedicatorias para los seres queridos, sugieren que las líneas de comunicación entre lo terreno y lo espiritual están abiertas y son funcionales, contexto en el que los milagros actúan como catalizadores.

En ocasiones simplemente es necesario pedir ayuda, como en el caso de la mujer que adjuntó una sentida súplica a un milagro de

La gratitud es un gesto que se dirige hacia afuera
plata que representaba a una mujer arrodillada, quien prendió a una imagen de San Francisco: "Por favor, dame valor y fuerzas para continuar", rezaba la leyenda. Es muy probable que el acto de dejar una nota en la imagen diera más ánimos a la suplicante. Compartir nuestras tribulaciones de este modo casi siempre aligera su carga.

El corazón estilizado es la ofrenda favorita cuando se pierde un amor, sea por la muerte o por la falta de afecto. Puede ser también símbolo de agradecimiento por un amor que fue restaurado.

Los hospitales católicos generalmente poseen imágenes de santos, y es común hallar milagros apilados en sus bases, o que las imágenes estén envueltas en listones a los que se cosieron milagros.

Una joven ofrenda milagros en forma de corazón cada año, en el aniversario de la recuperación de su marido de un accidente de tractor en su granja, en el que su vida corrió peligro. El primer corazón lo ofrendó la noche de este devastador suceso, ocurrido poco después de su boda. Colocó el milagro en la mano de la imagen de San Francisco, y prometió seguir dando las gracias si su marido salvaba la vida, sus heridas eran tan graves que tanto la joven como los médicos admitieron que sólo un milagro podría restaurarle la salud. Su deseo se cumplió, y sus ofrendas anuales representan su gratitud continua y el reconocimiento de la magnitud de lo que recibió.

Tal vez tenga la corazonada de que la capacidad de mostrar gratitud es distinta de tan sólo sentirse agradecido. Pero quizá esté demasiado ocupado para poner atención a sus emociones. La gratitud es un gesto que se dirige hacia afuera y que incluye a otras personas. Demuestre gratitud cada vez que pueda, y deje evidencias de ella. Sienta con el corazón este milagro, y úselo como recordatorio de que los efectos del amor pueden ser tangibles.

Comparta lo que lleva en su corazón

ESPÍRITU

E L AMOR QUE usted puede dar a un espíritu superior es uno de los grandes dones de la vida. Parece ser más común en las regiones menos desarrolladas del mundo, pero no se debe confundir la creencia con la falta de conocimientos. Compartir nuestro espíritu con el de los demás realza y enriquece nuestras vidas y las de quienes nos rodean. Los gestos comunales de fe, como la peregrinación del día de San Francisco en el suroeste de Estados Unidos, en el que los peregrinos llegan a pie o en coches destartalados y esperan al calor sofocante para hacer sus ofrendas, tienen un valor que sólo puede experimentarse mediante la participación.

En toda América hay por doquier lugares a donde los fieles llegan desde hace muchos años, algunos a pie, otros de rodillas durante el

último tramo de su peregrinación, para rendir homenaje a un santo por una plegaria que fue respondida. En Tlaxcala, México, los peregrinos ofrendaron tantos milagros a la Virgen en la basílica de Nuestra Señora de Ocotlán, que la enorme estrella de cinco puntas que respalda a esta enorme estatua, quedó totalmente cubierta.

El poder de la devoción también puede verse en el añejo altar de Nuestro Señor de Chalma, en el estado de México. Quienes peregrinan hasta el altar del Cristo negro, muy amado en la zona, siempre se detienen ante un enorme ciprés del que se cuenta que manan aguas curativas. El árbol está ricamente adornado con milagros, como testimonio de los poderes restauradores de las aguas. Muletas, cordones umbilicales, licencias de manejo y milagros en forma de extremidades y de corazón comparten apretujadamente y los retratos de niños rescatados de las garras de la muerte. Puesto que con frecuencia se ofrecen milagros cuando se cumple una plegaria, tantas evidencias son un testimonio público del poder de la fe: tan sólo presenciar su magnitud basta para profundizar nuestras propias creencias.

Hay muchos ejemplos de actos individuales de fe: una mujer madura sufría intensamente por el fallecimiento de su madre, a la que estaba muy allegada. Como sentía tanto dolor, depositó varios milagros en forma de corazón en el altar que construyó en el patio en honor a su madre. Finalmente decidió enterrar los milagros, y cuando comenzaron a surgir flores, consideró que se trataba de una respuesta de su mamá.

También la psicología popular habla del valor de compartir nuestros sueños y esperanzas con quienes nos rodean. Todos permitimos que la insidiosa irreverencia de la vida moderna nos afecte de algún modo: gritamos a otros en los embotellamientos de tráfico o, lo que es peor, le gritamos a un ser querido. Haría bien a nuestros corazones dar también prioridad a los otros, y reaprender el valor que tiene la creencia. El milagro en forma de corazón es un recuerdo del carácter comunal de la fe.

MANO

CAPÍTULO TRES

MANO

SUS MANOS LO CONECTAN
CON LOS DEMÁS

A TRAVÉS DE las manos entramos en relación con el mundo: cómo tocamos a los demás y cómo responden a nuestro tacto; las usamos para trabajar; con frecuencia, son también instrumentos mediante los que fluye nuestra creatividad para producir música, pintura o poesía.

En Brasil y otras partes de América Latina, donde los milagros son muy comunes, el puño cerrado es señal de buena suerte. En Estados Unidos y en México, los milagros suelen representar el dorso de una mano que termina en la muñeca o está adornada con una vistosa mancuerna. Los dedos generalmente están extendidos, y muestran los nudillos y uñas. En caso de un daño devastador, la parte afectada se resalta con otro metal o se define con un borde serrado. Ocasionalmente se muestran ambas manos, con las yemas de los dedos tocándose como en actitud de rezo.

CUERPO

NUESTRAS MANOS SON esenciales para ganarnos la vida: sin ellas, cómo podría el artesano hacer su trabajo; el artista no podría crear sus obras, el jornalero no cumpliría sus tareas, y el obrero no produciría. Los milagros en forma de manos son comunes en las sociedades donde el bienestar familiar depende del trabajo físico; en las sociedades tecnológicas, las manos también son un medio, tanto físico como espiritual, para sobrevivir. Las manos son la conexión con nuestros semejantes que nos da el sentido de humanidad, y puede ser la razón por la que expresiones como "dame una mano" evocan el sentido de la importancia que tiene dar algo de nosotros.

Una anciana mexicano-estadounidense utilizaba milagros en forma de mano para ayudarla en su ética de trabajo y para que se le "diera una mano" divina. Su vecino, que vivía en una casa que le encantaba a la anciana, fue a visitarla un día y le dijo que vendería el inmueble y le daría la primera opción para comprarla, si en una semana reunía el dinero. La anciana estaba segura de que ningún banco le otorgaría el préstamo, por lo que ofreció un milagro en forma de mano a San Francisco, y así como trabajar muy duro como sirvienta para pagar el préstamo. Tres días después halló un banco que le otorgó el crédito para comprar la casa que siempre quiso tener.

Si usted sufre problemas en las manos, como dolor en las articulaciones o tendonitis, puede ser momento de considerar de qué manera su trabajo afecta su vida. Algún aspecto de su manera de ganarse la vida podría ser poco saludable. La repetición, el uso excesivo o la inflexibilidad pueden causar síntomas físicos que revelan emociones o actitudes desde hace mucho tiempo ocultas o aún no reconocidas.

Tómese un momento para pensar en sus manos y qué uso les da: póngalas sobre su regazo, juntando las yemas de los dedos. Cierre los ojos e imagine su milagro en forma de mano como manifestación de sus manos trabajando. Recuerde otra capacidad que tienen: el curativo poder del tacto. Con cada roce tenemos la capacidad de aliviar el dolor de otros.

MENTE

DE LA MISMA manera en que usamos las manos para saludar con un firme apretón, también podemos utilizarlas para presentar elementos nuevos y satisfactorios y para volver a dar la bienvenida a quienes ya conocemos, para que desempeñen un papel más íntimo en nuestras vidas.

Ya desde fines del siglo XVIII, en el suroeste de Estados Unidos, los milagros eran una necesidad en cualquier hogar hispánico que se preciara de serlo. Los pequeños amuletos de plata casi siempre se sujetaban a una imagen o se colocaban sobre el retrato del santo favorito de la familia, y el anfitrión más considerado era aquel que tenía una reserva de ellos a la mano (que guardaba en pequeños estuches forrados con terciopelo) para los familiares o amigos que los necesitaran. Cruzar la frontera para reabastecer una reserva agotada de milagros era un gesto de generosidad que podía ofrecerse y, de esta manera, los milagros mismos llegaron a mostrar una forma de tender un puente hacia los seres queridos y los necesitados.

Comience a pensar en sus manos como algo más que el medio necesario para ganarse el sostén: limitarlas a esta sola función es limitarnos a nosotros mismos. El efecto de esto puede mutilar todo su ser.

Visualice otros usos para sus manos, como tomar la mano de una persona amiga, abrazar y acariciar a un bebé o una mascota, plantar su flor favorita o escribir un poema. Éstos son actos que traerán amigos, belleza e inspiración a su vida. De hecho, obsequiar un milagro a un amigo puede ser una buena manera de decirle que le estamos "dando una mano".

Tocar a alguien que sufre es a veces el mejor bálsamo

Los gestos de amistad y las atenciones pueden ser tan reconfortantes como el tacto. Cuando sufrimos, es fácil olvidar lo egocéntrico y aislante que puede ser el dolor: tocar a alguien que sufre es a veces el mejor bálsamo. Considere sus manos como el vehículo para guiar a otros hacia su vida. De la misma manera en que el anfitrión más considerado tenía una reserva de milagros para darlos a quienes los necesitaran, usted puede tener listo su propio suministro de milagros, o incluso su sola buena voluntad. La vida que no se comparte es una vida solitaria: que el milagro en forma de mano le recuerde que los amigos son la parte más importante de una vida feliz y productiva.

Permítase recibir lo que el mundo
tiene para ofrecerle

ESPÍRITU

A LA MAYORÍA de las personas les gusta considerarse capaces e independientes. Pero depender únicamente de nosotros mismos en épocas de confusión e incertidumbre puede ser abrumador. Abrir las manos y el corazón es un gesto de fe que es sumamente gratificante.

Los milagros tienen una doble función: agradecer las plegarias escuchadas y pedir la ayuda divina. En la isla Margarita, en la costa venezolana, cuyas aguas eran antiguamente una productiva zona perlífera, los marineros y buzos rendían homenaje a la Virgen del Valle. Su santuario en el pueblo El Valle está lleno de ofrendas votivas y milagros con incrustaciones de perlas que representan manos y piernas, herramientas esenciales en la pesca de madreperlas.

La desesperación puede prepararnos para recibir alivio

Las familias rezan por buenas pescas y la vuelta de los buzos sanos y salvos. Estas plegarias son algo más que peticiones de favores: al pedir ayuda, los suplicantes admiten y comparten su necesidad de la gracia divina y, al así hacerlo, dejan expuestas sus más profundas vulnerabilidades.

Los temores al abandono, al aislamiento y a la muerte son primarios, sin importar cuán civilizada sea la sociedad en que vivamos o la edad que tengamos. Todos experimentamos en nuestras vidas periodos en que los acontecimientos salen de nuestro control. Es bajo estas sombrías circunstancias cuando recordamos que no siempre podemos salirnos con la nuestra, resolver problemas, maniobrar para obtener el resultado deseado o impedir una consecuencia trágica. Recurrir a una fuerza superior, abrir los brazos a otra fuente de fortaleza, puede ser el recurso final de quien está desesperado. Irónicamente, esa misma desesperación puede prepararnos para recibir alivio.

Incluso los amigos y parientes pueden ayudar a rezar por algo que un ser querido realmente necesita: esta forma espiritual de "dar una mano" fortalece la resolución de la persona e involucra en el proceso de recuperación a los más allegados al suplicante y a la persona que sufre. Un padre preocupado pidió a sus familiares y amigos que lo ayudaran a pedir un milagro cuando su bebé resultó herido en un accidente automovilístico. Luego de una semana, la criatura salió del coma ante los rostros sonrientes de sus padres y parientes que lo rodeaban.

Ofrecer un *milagro* puede ser una forma simple y tangible de recibir consuelo de una fuerza superior. Los *milagros* son símbolos de una petición de ayuda; utilice los suyos como forma de hallar nueva fortaleza. Pedir ayuda es la manera más insondable de recibir apoyo.

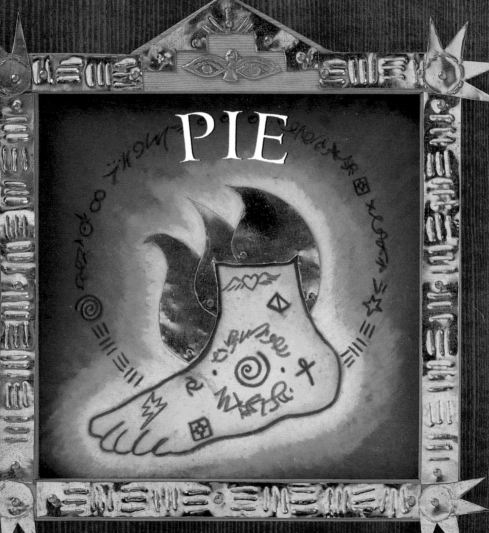

CAPÍTULO CUATRO

PIE

SUS PIES SOSTIENEN SU TRAVESÍA POR LA VIDA

L OS PIES SON el cimiento sobre el que descansa el cuerpo, y del que depende. Actúan como transporte y deben soportar el peso cotidiano de éste. A pesar de ser tan sólidos, son de las partes más sensibles del cuerpo.

Como las manos, los pies son indispensables en culturas cuyas economías residen en el trabajo físico.

Los milagros en forma de pie aparecen con frecuencia en sitios de peregrinaje, en parte porque muchos de los penitentes recorren a pie lo que a veces son cientos de kilómetros. Estos milagros pueden aparecer como tallas en madera de tamaño natural, tan fieles que muestran las uñas y las arrugas de los nudillos, o como pequeñas versiones en plata que retratan males como el pie plano. Se les ha hallado en antiguos lugares de Italia, del periodo etrusco, y en antiquísimos sitios católicos, del sur de Alemania, donde ofrendar milagros era una costumbre popular entre los campesinos.

¡Levántese y salga adelante!

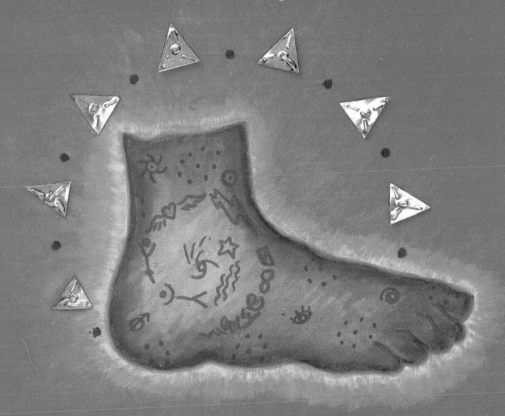

CUERPO

¿LE DUELEN LOS pies? Los problemas podiátricos se cuentan entre los más molestos y, cuando son severos, literalmente paralizan. Si está aquejado por problemas en los pies, podría ser momento de analizar el significado del dolor: si nota que está demasiado tiempo de pie en el trabajo o en los deportes, sin darse nunca un momento para sentarse y descansar, tal vez sea ya tiempo de tomar las cosas con calma. O quizá hay aspectos en su vida de los que debe alejarse, y precisamente para eso son los pies.

Los afrobrasileños y pueblos nativos del noreste de Brasil tienen en común ciertas creencias de las que deberíamos aprender. Consideran que las enfermedades e infortunios son resultado de fuerzas intangibles que invaden el cuerpo, y que ofrecer milagros es una forma de conjurar el desastre.

Si es persistente, siempre terminará en una mejor situación

Concéntrese en su propio milagro en forma de pie como forma de alejarse de la infelicidad innecesaria. Acopie su fortaleza interna para visualizar un objetivo hacia el que pueda avanzar, su milagro en forma de pie puede mostrarle esa ruta. Recuerde que poner un pie adelante del otro tiene un efecto acumulativo: si es persistente, siempre terminará en una mejor situación.

Enfrente sus desafíos con un propósito

MENTE

CON FRECUENCIA OTORGAMOS a los problemas más poder del que realmente tienen al pensar en ellos en abstracto, haciéndolos demasiado grandes como para poder manejarlos. Para salvar estos inhibidores, primero debemos darnos cuenta de nuestras frustraciones. Pero a veces el solo acto de notarlo puede hacer que una persona detenga su marcha. No permita que esto le suceda. Piense que reconocer sus problemas es sólo el primer paso para dejarlos atrás: no es cuestión de huir corriendo, sino de hallar un método deliberado para considerar un nuevo camino y seguirlo.

El acto de ofrendar un milagro, aun si se trata de una ceremonia de una sola persona, puede ser una forma de buscar ese nuevo camino. Es común observar que los peregrinos se sienten revigorizados por

la peregrinación y su resolución se fortalece. Al hacer una ofrenda se abre el camino para un nuevo diálogo, sea con nosotros mismos o con espíritus superiores.

La falla espiritual de la cultura moderna es el hecho de que es demasiado fácil pensar que estamos solos en el mundo. En América Latina y el suroeste de Estados Unidos las ofrendas de milagros que hallamos en lugares tan diversos como capillas en carreteras, nichos en las paredes y altares en tiendas de abarrotes, hospitales y espacios públicos, reafirman que ciertamente no estamos solos; muchos intentan iniciar este diálogo. Utilice el milagro en forma de pie como recordatorio de que ciertas ideas, como el creer en fuerzas superiores, tienen universalidad. Utilícelo como talismán que le inspire a buscar nuevas rutas. Buscar el nuevo sendero puede ser muy similar a hacer su propio peregrinaje: esta travesía siempre lo conducirá al autodescubrimiento y la autoaceptación; ambos son los más grandes desafíos que nos presenta la vida.

Su travesía puede estar llena de gozo

ESPÍRITU

RECONOZCA EL VALOR de cada uno de los pasos que da en la vida. Tener un objetivo supremo es por sí mismo algo necesario y valioso, pero al concentrarnos demasiado en un objetivo muy lejano, y con frecuencia fuera de lo razonable, nos arriesgamos a perdernos de los deleites que nos ofrece la cotidianidad.

La peregrinación es una de las grandes tradiciones asociadas con la ofrenda de milagros. El peregrino que lleva un milagro hasta la imagen de un santo o a un lugar de peregrinación culmina el rito final de un acto religioso de naturaleza personal. Pero la peregrinación en realidad se inicia mucho antes de dar el primer paso, al tomar la decisión de pedir ayuda sobrenatural.

En octubre, cerca del pueblo de Magdalena, en México, es común ver peregrinos marchando por carreteras, caminos montañosos y en los desiertos, por la noche, para llegar hasta la capilla de San Francisco. Llevan consigo poderosos amuletos de sus creencias: estampas, estatuillas del santo patrono, recuerdos personales significativos que tienen en sus casas, para frotarlos en la imagen de San Francisco. Durante esta fiesta, las calles de Magdalena quedan inmersas en una atmósfera de celebración y alegría: en los puestos se expende café, tortillas calientes y carne a las brasas, y los vendedores ambulantes ofrecen globos, joyería, ropas y objetos

Observe hasta dónde puede llevarlo la vida si usted se lo permite

religiosos, en el marco de los sones interpretados por mariachis que recorren las calles. Al convivir ricos con pobres, sanos y enfermos, devotos y profanos, la celebración trasciende en poco tiempo lo estrictamente religioso para abarcar un significado más amplio aún: la universalidad de la experiencia.

Utilice el milagro en forma de pie para observar hasta dónde puede llevarlo la vida si usted se lo permite. Considere su paso por ésta como una peregrinación, difícil e incluso traicionera, pero también como un viaje

Considere su paso por la vida como una peregrinación

lleno de felicidad. Aprenda a concebir el acto de viajar como un componente invaluable de su peregrinación. Observe su milagro en forma de pie y acuérdese de disfrutar su paso por la vida, toda vez que lo más importante es el viaje en sí.

CAPÍTULO CINCO

BOCA

NUESTRAS PALABRAS VALEN TANTO COMO NUESTROS ACTOS

L A BOCA ES el portal por el que expresamos nuestros pensamientos y emociones, y por el que recibimos el diario sustento. Recuerde que su boca es la vía por la que se comunica con su cuerpo. Manténgase saludable ingiriendo alimentos nutritivos, hablando bien de los demás y sabiendo cuándo es mejor guardar silencio.

Los milagros en forma de boca son representaciones de dientes rectos, bien alineados, y encías. Estos milagros se ofrendan como ayuda para enfermedades dentales o caries, que aparecen impresos en el milagro. A veces se colocan dentaduras postizas en lugares sagrados pero, considerando la importancia de poseer una buena dentadura, es probable que estos regalos se ofrezcan después de que el usuario muere, en gratitud por una vida feliz.

En la tradición de los milagros, las representaciones de bocas y labios son menos comunes que de otras partes del cuerpo, ya que las enfermedades e infortunios asociados con el corazón y los pies generalmente exigen más atención. Pero aun cuando los milagros de labios sean una rareza, desempeñan una función de vital importancia: una costumbre conmovedora asociada con la presentación de un *milagro* es el beso real que se da al milagro o a la imagen del santo. Es común ver al peticionario presentando una ofrenda, rezar en silencio y luego besarla. Como gesto de despedida o como forma muy personal de sellar un pacto, el beso expresa nuestras más profundas emociones, y personaliza nuestra fe.

Su boca es para comunicarse

CUERPO

S I PADECE MALES de las encías, dientes o del resto de la boca, tómese algún tiempo para considerar qué le están diciendo estos problemas acerca de su vida. ¿Está cumpliendo con su parte para conservar la boca sin caries y enfermedades de las encías comiendo alimentos nutritivos? ¿O prefiere comidas azucaradas porque no tiene tiempo para una comida adecuada? Tal vez durante el día esté tan apurado que, por las noches, aun si está dormido, siga tenso. Rechinar los dientes es un doloroso resultado de angustias no resueltas.

Los milagros en forma de boca se utilizan para curar problemas de naturaleza más tangible, así como los creados por la ansiedad. Una mujer de unos cuarenta años quería desesperadamente embarazarse, por lo que ofreció milagros y rezos continuos a la Virgen María.

La boca es la vía por la que usted se comunica con su cuerpo

La mujer finalmente tuvo un niño, pero con una malformación
en la mandíbula. Convencida de que recibió algo que no debió pedir,
la mujer comenzó a ofrecer a la Virgen milagros en forma de boca
semana a semana. Seis meses después, un grupo de cirujanos de Estados
Unidos visitó su pueblo y se comprometió a reparar la deformidad de
su hijo. La mujer sigue convencida de que sus plegarias no habrían
sido respondidas de no ser persistente y generosa con sus milagros.

Considere su milagro en forma de boca un símbolo de la confianza
sagrada que tiene en su propio cuerpo. Utilícelo para centrarse:
siéntese en silencio a la mesa y contemple los alimentos que está a
punto de llevarse a la boca. Asegúrese de permanecer saludable
procurando que lo que ingiera sea nutritivo. Ponga el milagro
donde pueda verlo cuando coma, y recordará
que su boca es la vía por la que se comunica
con su cuerpo. Sea considerado consigo
mismo y manténgase sano.

El habla descuidada
puede lastimar a los demás y a uno mismo

MENTE

EL LENGUAJE ES una de nuestras más poderosas herramientas; otorgue a sus palabras el mismo carácter sagrado que da a sus oraciones, y utilícelas con el mismo cuidado. Al igual que en las plegarias, sus palabras deben dirigirse hacia el logro de la felicidad, solaz o el conocimiento.

Escucharse usted mismo es la manera más fácil de descubrir el mensaje que está transmitiendo al mundo. No olvide que lo que expresa es ante los demás un potente recordatorio de sus pensamientos y creencias, aun si usted no considera que lo que dice sea importante, sí puede serlo para otra persona. Nunca subestime el efecto que pueden tener sus palabras. Utilice su milagro en forma de boca para recordar el poder de lo que dice.

Aquejado por la compulsión del rumor y del hablar mal de todo el mundo, un joven recurrió a las plegarias y a la ofrenda de milagros en forma de bocas diariamente para lograr la paz espiritual. Aprovechaba esos momentos para meditar sobre los efectos de la mala voluntad y los beneficios de la buena disposición. Al poco tiempo se dio cuenta de que esperaba el momento de la ofrenda para dedicarlo a la reflexión. Tras unos cuantos meses, comenzó a pensar mejor de sí mismo y de los demás. Ya no abrigó pensamientos negativos contra el mundo. Atribuyó su reciente salud mental al acto de ofrendar.

Tan poderoso es el lenguaje que muchos milagros se depositan junto con oraciones o cartas. Escribirlas puede ayudar al autor a desahogar su alma, pero indudablemente otro beneficio de dejar por escrito estas plegarias es la sensación de comunicarse con una fuerza inefable. Dejar el mensaje es iniciar lo que puede ser una conversación intensamente espiritual, tanto para los demás como para el autor. Pueden verse largas cartas escritas a máquina, donde

Concéntrese en el efecto que pueden surtir sus palabras sobre el resto del mundo.

se narran los problemas del peticionario, prendidas a las imágenes de santos o en altares colocados en las márgenes de los caminos o de las carreteras. A veces estas cartas describen el milagro de verse liberado de circunstancias sombrías. El cronista espera que la carta sea leída potencialmente por una fuerza superior y por otros que busquen testimonios milagrosos.

Tenga la esperanza de que sus palabras sean oídas por un transeúnte y por una fuerza superior. Recuérdese que los comentarios fuera de lugar hieren, que las opiniones vertidas con descuido no contribuyen al bien general, y que la malicia deliberada es imperdonable. Utilice su milagro en forma de boca para concentrarse en el efecto que sus palabras pueden surtir sobre el resto del mundo, trátese del pequeño mundo personal que habita, o del ancho mundo que nos rodea. Al igual que en las plegarias en las cuales desea el bien para alguien atribulado, sus palabras deben apuntar a traer la felicidad, el solaz o el conocimiento. Recuerde que el acto de conversar es una especie de comunión: practíquelo con respeto.

Las palabras generosas duran por siempre

ESPÍRITU

HAGA UN VOTO ante usted mismo: será el primero en decir *hoy* algo generoso; resístase a la tentación de hacer comentarios maliciosos; aprenda a decir lo que es necesario decir. Y lo que es más importante: aprenda a hablar consigo mismo de forma que refleje la creencia de que sus palabras pueden hacer que las cosas mejoren.

En muchas partes de América Latina y el suroeste estadounidense, los suplicantes acompañan sus ofrendas de milagros con votos, una promesa hecha entre la persona y una fuerza superior, que queda sellada con la presentación del milagro. Aunque ésta es una costumbre popular y no está oficialmente sancionada por la religión formal, a menudo se lleva a cabo junto con el ritual católico, acompañado de plegarias, regalos devocionales y velas. Pero el voto puede hacerse de manera informal y en discreción, particularmente en momentos de crisis, cuando una ceremonia de esa naturaleza es lo último en lo que piensa el peticionario.

Todos sentimos en algún momento la desesperanza y agobio que parecen inevitables en la vida del mundo moderno. Hacer un pacto con una fuerza superior es la manifestación de la fe en la existencia de una fuerza que está más allá de nosotros mismos, y expresa la esperanza de la intervención divina y la creencia de que tal intervención es posible. Basta con pedir ayuda para recibirla.

Considere a su milagro en forma de boca como un modo para expresar aquello que sólo se atreve a esperar. Es una forma de difundir sus palabras y pensamientos al mundo, donde funcionarán en aras del bien común y espiritual. Recuerde que las expresiones de fe funcionan como profecías que se cumplen con sólo plantearlas: el acto mismo de expresar se convierte en el acto de fe. Conciba su milagro como la vía para reconfirmar y replantear su conexión con el poder espiritual. Utilícelo para concentrarse en formas de continuar esa conversación trascendente.

ELABORE SUS PROPIOS MILAGROS

HISTÓRICAMENTE, LOS MILAGROS se han hecho de diversos tipos de materiales: los primeros eran de madera, piedra, arcilla, hueso y materiales locales, como ámbar. Los milagros más recientes son de oro, plata, cobre, bronce y estaño. Puesto que muchos milagros son intensamente personales, el peticionario puede hacer fundir una joya, moneda u otro objeto favorito para hacer de él una ofrenda para alguna ocasión especial. Aunque sean de valor tan individual, y a menudo manifiesten una gran creatividad por parte de quienes los manufacturan, los milagros casi nunca llevan una marca o firma del artista, una intrigante característica que hace que estas maravillosas ofrendas parezcan pertenecer a todos y a nadie.

Dé a sus propios milagros significados personales y privados haciéndolos suyos. Primero busque una figura o símbolo, como el sol, una flor o el corazón, que tenga algún significado especial para usted. Si aún sigue buscando símbolos, deje volar su imaginación hasta que alguno se presente por sí mismo. Dibuje la figura a lápiz sobre una hoja de papel translúcido, y luego transfiera la figura a una hoja de papel grueso, como el tipo kraft o papel para planos. Para personalizar aún más el milagro, aplique símbolos o colores con acuarela, plumón o calcomanías. Recorte la figura y, si desea conservarla, lamínela. Haga una perforación en la parte superior del milagro e inserte un listón de color vivo, forme un nudo de moño y, finalmente, coloque el milagro en algún lugar donde le recuerde el mensaje que desee transmitirse.

BIBLIOGRAFÍA

Egan, Martha. *Milagros: Votive Offerings from the Americas,* Santa Fe, Museum of University of New Mexico Press, 1991.

Hay, Louise L. *Heal Your Body: The Mental Causes for Physical Illness and the Metaphysical Way To Overcome Them,* Carlsbad, California, Hay House, 1994.

Instituto de las Artes de Minneapolis y Centro Walker de las Artes, *American Indian Art: Form and Tradition,* Nueva York, E.P. Dutton, 1973.

Myss, Caroline, *Why People Don't Heal and How They Can,* Nueva York, Harmony Books, 1997.

Oktavec, Eileen, *Answered Prayers: Miracles and Milagros Along the Border,* The University of Arizona Press, 1995.

SOBRE LA AUTORA
Y LA ILUSTRADORA

HELEN THOMPSON es redactora y periodista de la publicación *Metropolitan Home* y autora de la serie *In Celebration*, libros que ofrecen una gran variedad de ideas especiales para cada temporada. Fue periodista y redactora de *Texas Monthly* durante diecisiete años, y editora administrativa de la revista *Domain*, especializada en artes y estilos de vida. Ha colaborado en publicaciones como *Worth, Men's Journal* y *Southern Style*. Actualmente vive en Austin, Texas.

Originaria de la región noroeste del Pacífico, PADDY BRUCE nació en Victoria, British Columbia, Canadá. Su formación artística incluyó estudios de diseño en Londres, la ciudad de México y San Miguel de Allende, también en México, donde descubrió por primera vez los milagros y la diversidad artística de la cultura mexicana. Es egresada de la Universidad Western Washington, con sede en Bellingham, Washington, donde reside actualmente. Además de trabajar y presentar exposiciones, se dedica a navegar por la región del Puget Sound y por el norte de Estados Unidos.

Esta obra se terminó de imprimir
en junio de 1999, en
QUEBECOR PRINTING
Gráficas Monte Albán.
Fracc. Agroindustrial La Cruz
Villa de Márquez, Querétaro
C.P. 76240.
La edición consta de 6,000 ejemplares

mnt

SP
246
.55
T472

Thompson, Helen
Milagros: la magia de la
imaginería popular ...